U0566153

妇女权益保障法学习
百问百答

中国法制出版社

目　录

第一章　总　则

1

第二章　政治权利

第三章　人身和人格权益

第四章 文化教育权益

第五章　劳动和社会保障权益

第六章　财产权益

第七章 婚姻家庭权益

第八章　救济措施

第九章　法律责任

第一章 总 则

1. 《妇女权益保障法》的立法目的和立法依据是什么？

《妇女权益保障法》第一条规定，为了保障妇女的合法权益，促进男女平等和妇女全面发展，充分发挥妇女在全面建设社会主义现代化国家中的作用，弘扬社会主义核心价值观，根据宪法，制定本法。

2. 如何理解男女平等基本国策？

《宪法》第四十八条规定，中华人民共和国妇女在政治的、经济的、文化的、社会的和家庭的生活等各方面享有同男子平等的权利。国家保护妇女的权利和利益，实行男女同工同酬，培养和选拔妇女干部。

《妇女权益保障法》第二条规定，男女平等是国家的基本国策。妇女在政治的、经济的、文化的、社会的和家庭的生活等各方面享有同男子平等的权利。国家采取必要措施，促进男女平等，消除对妇女一切形式的歧视，禁止排斥、限制妇女依法享有和行使各项权益。国家保护妇女依法享有的特殊权益。第十条规定，国家将男女平等基本国策纳入国民教育体系，开展宣传教育，增强全社会的男女平等意识，培育尊重和关爱妇女的社会风尚。

3. 如何建立保障妇女权益工作机制？

《妇女权益保障法》第三条规定，坚持中国共产党对妇女权益保障工作的领导，建立政府主导、各方协同、社会参与的保障妇女权益工作机制。各级人民政府应当重视和加强妇女权益的保障工作。县级以上人民政府负责妇女儿童工作的机构，负责组织、协调、指导、督促有关部门做好妇女权益的保障工作。县级以上人民政府有关部门在各自的职责范围内做好妇女权益的保障工作。

4. 哪些主体应当依法保障妇女的权益？

《妇女权益保障法》第四条规定，保障妇女的合法权益是全社会的共同责任。国家机关、社会团体、企业事业单位、基层群众性自治组织以及其他组织和个人，应当依法保障妇女的权益。国家采取有效措施，为妇女依法行使权利提供必要的条件。第十一条规定，国家对保障妇女合法权益成绩显著的组织和个人，按照有关规定给予表彰和奖励。

5. 妇女发展纲要和发展规划是否应当纳入国民经济和社会发展规划？

《妇女权益保障法》第五条规定，国务院制定和组织实施中国妇女发展纲要，将其纳入国民经济和社会发展规划，保障和促进妇女在各领域的全面发展。县级以上地方各级人民政府根据中国妇女发展纲要，制定和组织实施本行政区域的妇女发展规划，将其纳入国民经济和社会发展规划。县级以上人民政府应当将妇女权益保障所需经费列入本级预算。

6. 哪些群团组织应当做好维护妇女权益的工作？

《妇女权益保障法》第六条规定，中华全国妇女联合会和地方各级妇女联合会依照法律和中华全国妇女联合会章程，代表和维护各族各界妇女的利益，做好维护妇女权益、促进男女平等和妇女全面发展的工作。工会、共产主义青年团、残疾人联合会等群团组织应当在各自的工作范围内，做好维护妇女权益的工作。

7. 中华全国妇女联合会是什么性质的组织？

根据《中华全国妇女联合会章程》的规定，中华全国妇女联合会是全国各族各界妇女为争取进一步解放与发展而联合起来的群团组织，是中国共产党领导下的人民团体，是党和政府联系妇女群众的桥梁和纽带，是国家政权的重要社会支柱。中华全国妇女联合会在新时代担负着团结引导各族各界妇女听党话、跟党走的政治责任，以围绕中心、服务大局为工作主线，以联系和服务妇女为根本任务，以代表和维护妇女权益、促进男女平等和妇女全面发展为基本职能。

8. 制定或者修改涉及妇女权益的法律法规文件时，是否应当听取妇女联合会的意见？

《妇女权益保障法》第八条规定，有关机关制定或者修改涉及妇女权益的法律、法规、规章和其他规范性文件，应当听取妇女联合会的意见，充分考虑妇女的特殊权益，必要时开展男女平等评估。

9. 国家保障妇女享有合法权益的同时，妇女还应当履行哪些义务？

《妇女权益保障法》第七条规定，国家鼓励妇女自尊、自信、自立、自强，运用法律维护自身合法权益。妇女应当遵守国家法律，尊重社会公德、职业道德和家庭美德，履行法律所规定的义务。

10. 如何建立健全妇女发展状况统计调查制度？

《妇女权益保障法》第九条规定，国家建立健全妇女发展状况统计调查制度，完善性别统计监测指标体系，定期开展妇女发展状况和权益保障统计调查和分析，发布有关信息。

第二章 政治权利

11. 妇女如何享有与男子平等的政治权利？

《宪法》第四十八条第一款规定，中华人民共和国妇女在政治的、经济的、文化的、社会的和家庭的生活等各方面享有同男子平等的权利。

《妇女权益保障法》第十二条、第十三条规定，国家保障妇女享有与男子平等的政治权利。妇女有权通过各种途径和形式，依法参与管理国家事务、管理经济和文化事业、管理社会事务。妇女和妇女组织有权向各级国家机关提出妇女权益保障方面的意见和建议。第十六条规定，妇女联合会代表妇女积极参与国家和社会事务的民主协商、民主决策、民主管理和民主监督。

12. 法律如何保障妇女享有与男子平等的选举权和被选举权?

《妇女权益保障法》第十四条规定,妇女享有与男子平等的选举权和被选举权。全国人民代表大会和地方各级人民代表大会的代表中,应当保证有适当数量的妇女代表。国家采取措施,逐步提高全国人民代表大会和地方各级人民代表大会的妇女代表的比例。居民委员会、村民委员会成员中,应当保证有适当数量的妇女成员。

《全国人民代表大会和地方各级人民代表大会选举法》第七条第一款规定,全国人民代表大会和地方各级人民代表大会的代表应当具有广泛的代表性,应当有适当数量的基层代表,特别是工人、农民和知识分子代表;应当有适当数量的妇女代表,并逐步提高妇女代表的比例。

13. 如何培养和选拔妇女干部？

《宪法》第四十八条第二款规定，国家保护妇女的权利和利益，实行男女同工同酬，培养和选拔妇女干部。

《妇女权益保障法》第十五条规定，国家积极培养和选拔女干部，重视培养和选拔少数民族女干部。国家机关、群团组织、企业事业单位培养、选拔和任用干部，应当坚持男女平等的原则，并有适当数量的妇女担任领导成员。妇女联合会及其团体会员，可以向国家机关、群团组织、企业事业单位推荐女干部。国家采取措施支持女性人才成长。

14. 有关部门应当如何处理有关妇女权益保障工作的批评、建议、申诉、控告和检举？

《妇女权益保障法》第十七条规定，对于有关妇女权益保障工作的批评或者合理可行的建议，有关部门应当听取和采纳；对于有关侵害妇女权益的申诉、控告和检举，有关部门应当查清事实，负责处理，任何组织和个人不得压制或者打击报复。

第三章　人身和人格权益

15. 妇女如何享有与男子平等的人身和人格权益？

《民法典》第一百零九条、第一百一十条规定，自然人的人身自由、人格尊严受法律保护。自然人享有生命权、身体权、健康权、姓名权、肖像权、名誉权、荣誉权、隐私权、婚姻自主权等权利。《妇女权益保障法》第十八条规定，国家保障妇女享有与男子平等的人身和人格权益。

16. 如何保障妇女的人身自由不受侵犯？

《妇女权益保障法》第十九条规定，妇女的人身自由不受侵犯。禁止非法拘禁和以其他非法手段剥夺或者限制妇女的人身自由；禁止非法搜查妇女的身体。

17. 如何保障妇女的人格尊严不受侵犯？

《妇女权益保障法》第二十条规定，妇女的人格尊严不受侵犯。禁止用侮辱、诽谤等方式损害妇女的人格尊严。

18. 如何保障妇女的生命权、身体权、健康权不受侵犯？

《妇女权益保障法》第二十一条规定，妇女的生命权、身体权、健康权不受侵犯。禁止虐待、遗弃、残害、买卖以及其他侵害女性生命健康权益的行为。禁止进行非医学需要的胎儿性别鉴定和选择性别的人工终止妊娠。医疗机构施行生育手术、特殊检查或者特殊治疗时，应当征得妇女本人同意；在妇女与其家属或者关系人意见不一致时，应当尊重妇女本人意愿。

19. 如何禁止拐卖、绑架妇女？

《妇女权益保障法》第二十二条规定，禁止拐卖、绑架妇女；禁止收买被拐卖、绑架的妇女；禁止阻碍解救被拐卖、绑架的妇女。各级人民政府和公安、民政、人力资源和社会保障、卫生健康等部门及村民委员会、居民委员会按照各自的职责及时发现报告，并采取措施解救被拐卖、绑架的妇女，做好被解救妇女的安置、救助和关爱等工作。妇女联合会协助和配合做好有关工作。任何组织和个人不得歧视被拐卖、绑架的妇女。

20. 妇女遭到性骚扰的，可以采取哪些救济措施？

《民法典》第一千零一十条规定，违背他人意愿，以言语、文字、图像、肢体行为等方式对他人实施性骚扰的，受害人有权依法请求行为人承担民事责任。机关、企业、学校等单

位应当采取合理的预防、受理投诉、调查处置
等措施，防止和制止利用职权、从属关系等实
施性骚扰。

《妇女权益保障法》第二十三条规定，禁
止违背妇女意愿，以言语、文字、图像、肢体
行为等方式对其实施性骚扰。受害妇女可以向
有关单位和国家机关投诉。接到投诉的有关单
位和国家机关应当及时处理，并书面告知处理
结果。受害妇女可以向公安机关报案，也可以
向人民法院提起民事诉讼，依法请求行为人承
担民事责任。

21. 学校如何防范女学生遭受性侵害、性骚扰？

《未成年人保护法》第四十条规定，学校、
幼儿园应当建立预防性侵害、性骚扰未成年人
工作制度。对性侵害、性骚扰未成年人等违法
犯罪行为，学校、幼儿园不得隐瞒，应当及时
向公安机关、教育行政部门报告，并配合相关

部门依法处理。学校、幼儿园应当对未成年人开展适合其年龄的性教育，提高未成年人防范性侵害、性骚扰的自我保护意识和能力。对遭受性侵害、性骚扰的未成年人，学校、幼儿园应当及时采取相关的保护措施。

《妇女权益保障法》第二十四条规定，学校应当根据女学生的年龄阶段，进行生理卫生、心理健康和自我保护教育，在教育、管理、设施等方面采取措施，提高其防范性侵害、性骚扰的自我保护意识和能力，保障女学生的人身安全和身心健康发展。

学校应当建立有效预防和科学处置性侵害、性骚扰的工作制度。对性侵害、性骚扰女学生的违法犯罪行为，学校不得隐瞒，应当及时通知受害未成年女学生的父母或者其他监护人，向公安机关、教育行政部门报告，并配合相关部门依法处理。

对遭受性侵害、性骚扰的女学生，学校、公安机关、教育行政部门等相关单位和人员应当保护其隐私和个人信息，并提供必要的保护措施。

22. 用人单位应当采取哪些措施预防和制止对妇女的性骚扰？

《女职工劳动保护特别规定》第十一条规定，在劳动场所，用人单位应当预防和制止对女职工的性骚扰。《妇女权益保障法》第二十五条规定，用人单位应当采取下列措施预防和制止对妇女的性骚扰：

（1）制定禁止性骚扰的规章制度；

（2）明确负责机构或者人员；

（3）开展预防和制止性骚扰的教育培训活动；

（4）采取必要的安全保卫措施；

（5）设置投诉电话、信箱等，畅通投诉渠道；

（6）建立和完善调查处置程序，及时处置纠纷并保护当事人隐私和个人信息；

（7）支持、协助受害妇女依法维权，必要时为受害妇女提供心理疏导；

（8）其他合理的预防和制止性骚扰措施。

23. 住宿经营者发现可能侵害妇女权益的违法犯罪行为的，有报告义务吗？

《妇女权益保障法》第二十六条规定，住宿经营者应当及时准确登记住宿人员信息，健全住宿服务规章制度，加强安全保障措施；发现可能侵害妇女权益的违法犯罪行为，应当及时向公安机关报告。

24. 如何保护妇女的人格权益不受侵犯？

《妇女权益保障法》第二十八条规定，妇女的姓名权、肖像权、名誉权、荣誉权、隐私权和个人信息等人格权益受法律保护。

媒体报道涉及妇女事件应当客观、适度，不得通过夸大事实、过度渲染等方式侵害妇女的人格权益。

禁止通过大众传播媒介或者其他方式贬低损害妇女人格。未经本人同意，不得通过广告、商标、展览橱窗、报纸、期刊、图书、音像制品、电子出版物、网络等形式使用妇女肖像，但法律另有规定的除外。

25. 妇女受到纠缠、骚扰，或被泄露、传播隐私和个人信息的，如何救济？

《妇女权益保障法》第二十九条规定，禁止以恋爱、交友为由或者在终止恋爱关系、离婚之后，纠缠、骚扰妇女，泄露、传播妇女隐私和个人信息。妇女遭受上述侵害或者面临上述侵害现实危险的，可以向人民法院申请人身安全保护令。

26. 如何建立健全妇女健康服务体系？

《妇女权益保障法》第三十条规定，国家建立健全妇女健康服务体系，保障妇女享有基本医疗卫生服务，开展妇女常见病、多发病的预防、筛查和诊疗，提高妇女健康水平。国家采取必要措施，开展经期、孕期、产期、哺乳期和更年期的健康知识普及、卫生保健和疾病防治，保障妇女特殊生理时期的健康需求，为有需要的妇女提供心理健康服务支持。

第三十一条规定，县级以上地方人民政府应当设立妇幼保健机构，为妇女提供保健以及常见病防治服务。国家鼓励和支持社会力量通过依法捐赠、资助或者提供志愿服务等方式，参与妇女卫生健康事业，提供安全的生理健康用品或者服务，满足妇女多样化、差异化的健康需求。用人单位应当定期为女职工安排妇科疾病、乳腺疾病检查以及妇女特殊需要的其他健康检查。

27. 如何理解妇女享有生育权利和自由？

《妇女权益保障法》第三十二条规定，妇女依法享有生育子女的权利，也有不生育子女的自由。

《人口与计划生育法》第二十二条规定，禁止歧视、虐待生育女婴的妇女和不育的妇女。

28. 医疗保健机构应当为育龄妇女和孕产妇提供哪些孕产期保健服务？

《母婴保健法》第十四条规定，医疗保健机构应当为育龄妇女和孕产妇提供孕产期保健服务。

孕产期保健服务包括下列内容：

（1）母婴保健指导：对孕育健康后代以及严重遗传性疾病和碘缺乏病等地方病的发病原因、治疗和预防方法提供医学意见；

（2）孕妇、产妇保健：为孕妇、产妇提供卫生、营养、心理等方面的咨询和指导以及产前定期检查等医疗保健服务；

（3）胎儿保健：为胎儿生长发育进行监护，提供咨询和医学指导；

（4）新生儿保健：为新生儿生长发育、哺

乳和护理提供医疗保健服务。

29. 如何建立妇女全生育周期系统保健制度?

《妇女权益保障法》第三十三条规定,国家实行婚前、孕前、孕产期和产后保健制度,逐步建立妇女全生育周期系统保健制度。医疗保健机构应当提供安全、有效的医疗保健服务,保障妇女生育安全和健康。有关部门应当提供安全、有效的避孕药具和技术,保障妇女的健康和安全。

30. 政府在规划、建设基础设施时,是否应当考虑妇女的特殊需求?

《妇女权益保障法》第三十四条规定,各级人民政府在规划、建设基础设施时,应当考虑妇女的特殊需求,配备满足妇女需要的公共厕所和母婴室等公共设施。

第四章 文化教育权益

31. 妇女如何享有与男子平等的文化教育权利?

《宪法》第四十八条第一款规定,中华人民共和国妇女在政治的、经济的、文化的、社会的和家庭的生活等各方面享有同男子平等的权利。

《妇女权益保障法》第三十五条规定,国家保障妇女享有与男子平等的文化教育权利。第四十条规定,国家机关、社会团体和企业事业单位应当执行国家有关规定,保障妇女从事科学、技术、文学、艺术和其他文化活动,享有与男子平等的权利。

32. 如何保障适龄女性未成年人完成义务教育？

《妇女权益保障法》第三十六条规定，父母或者其他监护人应当履行保障适龄女性未成年人接受并完成义务教育的义务。对无正当理由不送适龄女性未成年人入学的父母或者其他监护人，由当地乡镇人民政府或者县级人民政府教育行政部门给予批评教育，依法责令其限期改正。居民委员会、村民委员会应当协助政府做好相关工作。政府、学校应当采取有效措施，解决适龄女性未成年人就学存在的实际困难，并创造条件，保证适龄女性未成年人完成义务教育。

33. 如何保障妇女在入学、升学等方面享有与男子平等的权利？

《教育法》第九条规定，中华人民共和国公民有受教育的权利和义务。公民不分民族、种族、性别、职业、财产状况、宗教信仰等，依法享有平等的受教育机会。《义务教育法》第四条规定，凡具有中华人民共和国国籍的适龄儿童、少年，不分性别、民族、种族、家庭财产状况、宗教信仰等，依法享有平等接受义务教育的权利，并履行接受义务教育的义务。《职业教育法》第十条第五款规定，国家保障妇女平等接受职业教育的权利。

《妇女权益保障法》第三十七条规定，学校和有关部门应当执行国家有关规定，保障妇女在入学、升学、授予学位、派出留学、就业指导和服务等方面享有与男子平等的权利。学校在录取学生时，除国家规定的特殊专业外，不得以性别为由拒绝录取女性或者提高对女性的录取标准。各级人民政府应当采取措施，保障女性平等享有接受中高等教育的权利和机会。

34. 如何开展扫除妇女中的文盲、半文盲工作？

《妇女权益保障法》第三十八条规定，各级人民政府应当依照规定把扫除妇女中的文盲、半文盲工作，纳入扫盲和扫盲后继续教育规划，采取符合妇女特点的组织形式和工作方法，组织、监督有关部门具体实施。

《中国妇女发展纲要（2021—2030 年）》提出"女性青壮年文盲基本消除"的主要目标，策略措施为：持续巩固女性青壮年扫盲成果，加大普通话推广力度。完善扫盲工作机制，加强国家通用语言文字教育，消除女童辍学现象，杜绝产生女性青壮年新文盲。普通话培训及各类职业培训向欠发达地区妇女和残疾妇女等群体倾斜。深化扫盲后的继续教育。提高妇女平均受教育年限。

35. 如何为妇女终身学习创造条件？

《妇女权益保障法》第三十九条规定，国家健全全民终身学习体系，为妇女终身学习创造条件。各级人民政府和有关部门应当采取措施，根据城镇和农村妇女的需要，组织妇女接受职业教育和实用技术培训。

《中国妇女发展纲要（2021—2030年）》提出"促进女性树立终身学习意识，女性接受终身教育水平不断提高"的主要目标，策略措施为：为女性终身学习提供支持。建立完善更加开放灵活的终身学习体系，完善注册学习、弹性学习和继续教育制度，拓宽学历教育渠道，满足女性多样化学习需求，关注因生育中断学业和职业女性的发展需求。建立健全国家学分银行和学习成果认定制度。扩大教育资源供给，为女性提供便捷的社区和在线教育，为进城务工女性、女性新市民、待业女性等提供有针对性的职业技能培训。

第五章　劳动和社会保障权益

36. 妇女如何享有与男子平等的劳动权利和社会保障权利？

《宪法》第四十八条规定，中华人民共和国妇女在政治的、经济的、文化的、社会的和家庭的生活等各方面享有同男子平等的权利。国家保护妇女的权利和利益，实行男女同工同酬，培养和选拔妇女干部。

《妇女权益保障法》第四十一条规定，国家保障妇女享有与男子平等的劳动权利和社会保障权利。第四十五条规定，实行男女同工同酬。妇女在享受福利待遇方面享有与男子平等的权利。第五十条规定，国家发展社会保障事业，保障妇女享有社会保险、社会救助和社会福利等权益。国家提倡和鼓励为帮助妇女而开展的社会公益活动。

37. 各级政府如何保护妇女的劳动权利和社会保障权利？

《妇女权益保障法》第四十二条规定，各级人民政府和有关部门应当完善就业保障政策措施，防止和纠正就业性别歧视，为妇女创造公平的就业创业环境，为就业困难的妇女提供必要的扶持和援助。

38. 用人单位在招录（聘）过程中，不得实施哪些就业性别歧视行为？

《妇女权益保障法》第四十三条规定，用人单位在招录（聘）过程中，除国家另有规定外，不得实施下列行为：

（1）限定为男性或者规定男性优先；

（2）除个人基本信息外，进一步询问或者调查女性求职者的婚育情况；

（3）将妊娠测试作为入职体检项目；

（4）将限制结婚、生育或者婚姻、生育状况作为录（聘）用条件；

（5）其他以性别为由拒绝录（聘）用妇女或者差别化地提高对妇女录（聘）用标准的行为。

39. 用人单位与女职工签订劳动（聘用）合同或者服务协议，应当注意哪些问题？

《妇女权益保障法》第四十四条规定，用人单位在录（聘）用女职工时，应当依法与其签订劳动（聘用）合同或者服务协议，劳动（聘用）合同或者服务协议中应当具备女职工特殊保护条款，并不得规定限制女职工结婚、生育等内容。职工一方与用人单位订立的集体合同中应当包含男女平等和女职工权益保护相关内容，也可以就相关内容制定专章、附件或者单独订立女职工权益保护专项集体合同。

40. 用人单位如何保障妇女在享受福利待遇、晋职、晋级等方面享有与男子平等的权利?

《妇女权益保障法》第四十六条规定,在晋职、晋级、评聘专业技术职称和职务、培训等方面,应当坚持男女平等的原则,不得歧视妇女。

第四十八条规定,用人单位不得因结婚、怀孕、产假、哺乳等情形,降低女职工的工资和福利待遇,限制女职工晋职、晋级、评聘专业技术职称和职务,辞退女职工,单方解除劳动(聘用)合同或者服务协议。

女职工在怀孕以及依法享受产假期间,劳动(聘用)合同或者服务协议期满的,劳动(聘用)合同或者服务协议期限自动延续至产假结束。但是,用人单位依法解除、终止劳动(聘用)合同、服务协议,或者女职工依法要求解除、终止劳动(聘用)合同、服务协议的除外。

　　用人单位在执行国家退休制度时，不得以性别为由歧视妇女。

41. 用人单位是否应当为女职工提供特殊保护？

　　《妇女权益保障法》第四十七条规定，用人单位应当根据妇女的特点，依法保护妇女在工作和劳动时的安全、健康以及休息的权利。妇女在经期、孕期、产期、哺乳期受特殊保护。

42. 对孕期女职工，用人单位应当如何安排劳动时间？

　　《女职工劳动保护特别规定》第六条规定，女职工在孕期不能适应原劳动的，用人单位应当根据医疗机构的证明，予以减轻劳动量或者安排其他能够适应的劳动。对怀孕七个月以上的女职工，用人单位不得延长劳动时间或者安排夜班劳动，并应当在劳动时间内安排一定的休息时间。怀孕女职工在劳动时间内进行产前检查，所需时间计入劳动时间。

43. 女职工生育可以享受多久产假？

《女职工劳动保护特别规定》第七条规定，女职工生育享受九十八天产假，其中产前可以休假十五天；难产的，增加产假十五天；生育多胞胎的，每多生育一个婴儿，增加产假十五天。女职工怀孕未满四个月流产的，享受十五天产假；怀孕满四个月流产的，享受四十二天产假。

不过，上述规定只是产假的最低天数。《人口与计划生育法》第二十五条第一款规定，符合法律、法规规定生育子女的夫妻，可以获得延长生育假的奖励或者其他福利待遇。因此，实践中，全国各地产假天数并不一致。很多地区发布了人口与计划生育条例及实施细则，对产假作出进一步的规定。以北京市为例，根据《北京市人口与计划生育条例》第十九条的规定，按规定生育子女的夫妻，女方除享受国家规定的产假外，享受延长生育假六十日，男方享受陪产假十五日。女方经所在机关、企业事业单位、社会团体和其他组织同意，可以再增加假期一至三个月。

44. 对哺乳期女职工，用人单位应当如何安排劳动时间？

《女职工劳动保护特别规定》第九条规定，对哺乳未满一周岁婴儿的女职工，用人单位不得延长劳动时间或者安排夜班劳动。用人单位应当在每天的劳动时间内为哺乳期女职工安排一小时哺乳时间；女职工生育多胞胎的，每多哺乳一个婴儿每天增加一小时哺乳时间。

45. 女职工比较多的用人单位应当为女职工建立哪些设施？

《女职工劳动保护特别规定》第十条规定，

女职工比较多的用人单位应当根据女职工的需要，建立女职工卫生室、孕妇休息室、哺乳室等设施，妥善解决女职工在生理卫生、哺乳方面的困难。

46. 女职工禁忌从事的劳动范围包括哪些?

根据《女职工劳动保护特别规定》，女职工禁忌从事的劳动范围如下：（1）矿山井下作业；（2）体力劳动强度分级标准中规定的第四级体力劳动强度的作业；（3）每小时负重六次以上、每次负重超过二十公斤的作业，或者间断负重、每次负重超过二十五公斤的作业。

47. 女职工在经期禁忌从事的劳动范围包括哪些?

根据《女职工劳动保护特别规定》，女职工在经期禁忌从事的劳动范围如下：（1）冷水作业分级标准中规定的第二级、第三级、第四级冷水作业；（2）低温作业分级标准中规定的第二级、第三级、第四级低温作业；（3）体力劳动强度分级标准中规定的第三级、第四级体力劳动强度的作业；（4）高处作业分级标准中规定的第三级、第四级高处作业。

48. 女职工在孕期禁忌从事的劳动范围包括哪些?

根据《女职工劳动保护特别规定》，女职工在孕期禁忌从事的劳动范围如下：（1）作业场所空气中铅及其化合物、汞及其化合物、苯、镉、铍、砷、氰化物、氮氧化物、一氧化碳、二硫化碳、氯、己内酰胺、氯丁二烯、氯乙烯、环氧乙烷、苯胺、甲醛等有毒物质浓度超过国家职业卫生标准的作业；（2）从事抗癌药物、己烯雌酚生产，接触麻醉剂气体等的作业；（3）非密封源放射性物质的操作，核事故与放射事故的应急处置；（4）高处作业分级标准中规定的高处作业；（5）冷水作业分级标准中规定的冷水作业;(6)低温作业分级标准中规定的低温作业;(7)高温作业分级标准中规定的第三级、第四级的作业;(8)噪声作业分级标准中规定的第三级、第四级的作业;(9)体力劳动强度分级标准中规定的第三级、第四级体力劳动强度的作业;(10)在密闭空间、高压室作业或者潜水作业,伴有强烈振动的作业,或者需要频繁弯腰、攀高、下蹲的作业。

49. 女职工在哺乳期禁忌从事的劳动范围包括哪些?

根据《女职工劳动保护特别规定》,女职工在哺乳期禁忌从事的劳动范围如下:(1)作业场所空气中铅及其化合物、汞及其化合物、苯、镉、铍、砷、氰化物、氮氧化物、一氧化碳、二硫化碳、氯、己内酰胺、氯丁二烯、氯乙烯、环氧乙烷、苯胺、甲醛等有毒物质浓度超过国家职业卫生标准的作业;(2)非密封源放射性物质的操作，核事故与放射事故的应急处置；（3）体力劳动强度分级标准中规定的第三级、第四级体力劳动强度的作业；（4）作业场所空气中锰、氟、溴、甲醇、有机磷化合物、有机氯化合物等有毒物质浓度超过国家职业卫生标准的作业。

50. 人力资源和社会保障部门如何防止用人单位性别歧视？

《妇女权益保障法》第四十九条规定，人力资源和社会保障部门应当将招聘、录取、晋职、晋级、评聘专业技术职称和职务、培训、辞退等过程中的性别歧视行为纳入劳动保障监察范围。

51. 如何建立健全与生育相关的各项保障制度？

《妇女权益保障法》第五十一条规定，国家实行生育保险制度，建立健全婴幼儿托育服务等与生育相关的其他保障制度。国家建立健全职工生育休假制度，保障孕产期女职工依法享有休息休假权益。地方各级人民政府和有关部门应当按照国家有关规定，为符合条件的困难妇女提供必要的生育救助。

52. 各级政府和有关部门如何加强对困难妇女的权益保障？

《妇女权益保障法》第五十二条规定，各级人民政府和有关部门应当采取必要措施，加强贫困妇女、老龄妇女、残疾妇女等困难妇女的权益保障，按照有关规定为其提供生活帮扶、就业创业支持等关爱服务。

第六章　财产权益

53. 妇女如何享有与男子平等的财产权利？

《妇女权益保障法》第五十三条规定，国家保障妇女享有与男子平等的财产权利。第五十四条规定，在夫妻共同财产、家庭共有财产关系中，不得侵害妇女依法享有的权益。第五十七条规定，国家保护妇女在城镇集体所有财产关系中的权益。妇女依照法律、法规的规定享有相关权益。

54. 妇女如何享有与男子平等的继承权？

《妇女权益保障法》第五十八条规定，妇女享有与男子平等的继承权。妇女依法行使继承权，不受歧视。丧偶妇女有权依法处分继承的财产，任何组织和个人不得干涉。第五十九条规定，丧偶儿媳对公婆尽了主要赡养义务的，作为第一顺序继承人，其继承权不受子女代位继承的影响。

55. 如何保障妇女在农村集体经济组织中的各项权益？

《妇女权益保障法》第五十五条规定，妇女在农村集体经济组织成员身份确认、土地承包经营、集体经济组织收益分配、土地征收补偿安置或者征用补偿以及宅基地使用等方面，享有与男子平等的权利。申请农村土地承包经营权、宅基地使用权等不动产登记，应当在不动产登记簿和权属证书上将享有权利的妇女等家庭成员全部列明。征收补偿安置或者征用补偿协议应当将享有相关权益的妇女列入，并记载权益内容。

第五十六条规定，村民自治章程、村规民约、村民会议、村民代表会议的决定以及其他涉及村民利益事项的决定，不得以妇女未婚、结婚、离婚、丧偶、户无男性等为由，侵害妇女在农村集体经济组织中的各项权益。因结婚男方到女方住所落户的，男方和子女享有与所在地农村集体经济组织成员平等的权益。

56. 在农村土地承包中，妇女如何享有与男子平等的权利？

《农村土地承包法》第六条规定，农村土地承包，妇女与男子享有平等的权利。承包中应当保护妇女的合法权益，任何组织和个人不得剥夺、侵害妇女应当享有的土地承包经营权。

57. 农村土地承包期内，妇女结婚、离婚的，发包方可以收回其原承包地吗？

《农村土地承包法》第三十一条规定承包期内，妇女结婚，在新居住地未取得承包地的，发包方不得收回其原承包地；妇女离婚或者丧偶，仍在原居住地生活或者不在原居住地生活但在新居住地未取得承包地的，发包方不得收回其原承包地。

58. 发包方剥夺、侵害妇女依法享有的土地承包经营权的，应当承担哪些民事责任？

根据《农村土地承包法》第五十七条的规定，发包方剥夺、侵害妇女依法享有的土地承包经营权的，应当承担停止侵害、排除妨碍、消除危险、返还财产、恢复原状、赔偿损失等民事责任。

第七章　婚姻家庭权益

59. 妇女如何享有与男子平等的婚姻家庭权利？

《妇女权益保障法》第六十条规定，国家保障妇女享有与男子平等的婚姻家庭权利。第六十一条规定，国家保护妇女的婚姻自主权。禁止干涉妇女的结婚、离婚自由。《民法典》第一千零四十一条规定，实行婚姻自由、一夫一妻、男女平等的婚姻制度。保护妇女、未成年人、老年人、残疾人的合法权益。第一千零四十二条第一款规定，禁止包办、买卖婚姻和其他干涉婚姻自由的行为。禁止借婚姻索取财物。

60. 婚姻登记机关是否应当提供婚姻家庭辅导服务？

《妇女权益保障法》第六十三条规定，婚姻登记机关应当提供婚姻家庭辅导服务，引导当事人建立平等、和睦、文明的婚姻家庭关系。

61. 婚前保健服务包括哪些内容？

《母婴保健法》第七条规定，医疗保健机构应当为公民提供婚前保健服务。

婚前保健服务包括下列内容：

（1）婚前卫生指导：关于性卫生知识、生育知识和遗传病知识的教育；

（2）婚前卫生咨询：对有关婚配、生育保健等问题提供医学意见；

（3）婚前医学检查：对准备结婚的男女双方可能患影响结婚和生育的疾病进行医学检查。

62. 婚前医学检查包括对哪些疾病的检查？

《母婴保健法》第八条规定，婚前医学检查包括对下列疾病的检查：（1）严重遗传性疾病；（2）指定传染病；（3）有关精神病。经婚前医学检查，医疗保健机构应当出具婚前医学检查证明。

根据《母婴保健法》第三十八条的规定，以上疾病的具体含义为：（1）严重遗传性疾病，是指由于遗传因素先天形成，患者全部或者部分丧失自主生活能力，后代再现风险高，医学上认为不宜生育的遗传性疾病。（2）指定传染病，是指《传染病防治法》中规定的艾滋病、淋病、梅毒、麻疯病以及医学上认为影响结婚和生育的其他传染病。（3）有关精神病，是指精神分裂症、躁狂抑郁型精神病以及其他重型精神病。

63. 婚前医学检查是结婚登记的前提条件吗？

《妇女权益保障法》第六十二条规定，国家鼓励男女双方在结婚登记前，共同进行医学检查或者相关健康体检。可见，婚前医学检查不是结婚登记的前提条件。但是，根据《民法典》第一千零五十三条的规定，结婚登记双方对自己的重大疾病负有如实告知义务。一方患有重大疾病的，应当在结婚登记前如实告知另一方；不如实告知的，另一方可以向人民法院请求撤销婚姻。

64. 男方可以在女方怀孕期间提出离婚吗？

《妇女权益保障法》第六十四条规定，女方在怀孕期间、分娩后一年内或者终止妊娠后六个月内，男方不得提出离婚；但是，女方提出离婚或者人民法院认为确有必要受理男方离婚请求的除外。

65. 什么是家庭暴力？

根据《反家庭暴力法》第二条的规定，家庭暴力，是指家庭成员之间以殴打、捆绑、残害、限制人身自由以及经常性谩骂、恐吓等方式实施的身体、精神等侵害行为。根据《最高人民法院关于办理人身安全保护令案件适用法律若干问题的规定》第三条的规定，家庭成员之间以冻饿或者经常性侮辱、诽谤、威胁、跟踪、骚扰等方式实施的身体或者精神侵害行为，应当认定为《反家庭暴力法》第二条规定的"家庭暴力"。

66. 如何预防和制止家庭暴力？

《民法典》第一千零四十二条第三款规定，禁止家庭暴力。禁止家庭成员间的虐待和遗弃。《妇女权益保障法》第六十五条规定，禁止对妇女实施家庭暴力。县级以上人民政府有关部门、司法机关、社会团体、企业事业单位、基层群众性自治组织以及其他组织，应当在各自的职责范围内预防和制止家庭暴力，依法为受害妇女提供救助。

《反家庭暴力法》第四条规定，县级以上人民政府负责妇女儿童工作的机构，负责组织、协调、指导、督促有关部门做好反家庭暴力工作。县级以上人民政府有关部门、司法机关、人民团体、社会组织、居民委员会、村民委员会、企业事业单位，应当依照本法和有关法律规定，做好反家庭暴力工作。

第六条规定，国家开展家庭美德宣传教育，普及反家庭暴力知识，增强公民反家庭暴力意识。工会、共产主义青年团、妇女联合会、残疾人联合会应当在各自工作范围内，组织开展家庭美德和反家庭暴力宣传教育。广播、电视、报刊、网络等应当开展家庭美德和反家庭暴力宣传。学校、幼儿园应当开展家庭美德和反家庭暴力教育。

第二十二条规定，工会、共产主义青年

团、妇女联合会、残疾人联合会、居民委员会、村民委员会等应当对实施家庭暴力的加害人进行法治教育，必要时可以对加害人、受害人进行心理辅导。

67. 加害人实施家庭暴力的，应当承担哪些法律责任?

《反家庭暴力法》第三十三条规定，加害人实施家庭暴力，构成违反治安管理行为的，依法给予治安管理处罚；构成犯罪的，依法追究刑事责任。

根据《刑法》第二百六十条、第二百六十一条、第二百三十二条、第二百三十三条、第二百三十四条的规定，加害人实施家庭暴力的，可能构成虐待罪、遗弃罪、故意杀人罪、过失致人死亡罪、故意伤害罪等，应当承担相应的刑事责任。

68. 家庭暴力情节较轻，依法不给予治安管理处罚的，公安机关应当采取什么措施？

《反家庭暴力法》第十六条规定，家庭暴力情节较轻，依法不给予治安管理处罚的，由公安机关对加害人给予批评教育或者出具告诫书。告诫书应当包括加害人的身份信息、家庭暴力的事实陈述、禁止加害人实施家庭暴力等内容。

第十七条规定，公安机关应当将告诫书送交加害人、受害人，并通知居民委员会、村民委员会。居民委员会、村民委员会、公安派出所应当对收到告诫书的加害人、受害人进行查访，监督加害人不再实施家庭暴力。

69. 家庭暴力受害人可以采取哪些救济措施？

《反家庭暴力法》第十三条规定，家庭暴

力受害人及其法定代理人、近亲属可以向加害人或者受害人所在单位、居民委员会、村民委员会、妇女联合会等单位投诉、反映或者求助。有关单位接到家庭暴力投诉、反映或者求助后，应当给予帮助、处理。家庭暴力受害人及其法定代理人、近亲属也可以向公安机关报案或者依法向人民法院起诉。单位、个人发现正在发生的家庭暴力行为，有权及时劝阻。

70. 发现无民事行为能力人、限制民事行为能力人遭受或者疑似遭受家庭暴力的，应当怎么做？

《反家庭暴力法》第十四条规定，学校、幼儿园、医疗机构、居民委员会、村民委员会、社会工作服务机构、救助管理机构、福利机构及其工作人员在工作中发现无民事行为能力人、限制民事行为能力人遭受或者疑似遭受家庭暴力的，应当及时向公安机关报案。公安机关应当对报案人的信息予以保密。

第三十五条规定，学校、幼儿园、医疗机构、居民委员会、村民委员会、社会工作服务机构、救助管理机构、福利机构及其工作人员未依照该法第十四条规定向公安机关报案，造成严重后果的，由上级主管部门或者本单位对直接负责的主管人员和其他直接责任人员依法给予处分。

71. 监护人实施家庭暴力严重侵害被监护人合法权益的，能否撤销其监护人资格？

《反家庭暴力法》第二十一条规定，监护人实施家庭暴力严重侵害被监护人合法权益的，人民法院可以根据被监护人的近亲属、居民委员会、村民委员会、县级人民政府民政部门等有关人员或者单位的申请，依法撤销其监护人资格，另行指定监护人。被撤销监护人资格的加害人，应当继续负担相应的赡养、扶养、抚养费用。

72. 什么情况下可以申请人身安全保护令？

《反家庭暴力法》第二十三条规定，当事人因遭受家庭暴力或者面临家庭暴力的现实危险，向人民法院申请人身安全保护令的，人民法院应当受理。当事人是无民事行为能力人、限制民事行为能力人，或者因受到强制、威吓等原因无法申请人身安全保护令的，其近亲属、公安机关、妇女联合会、居民委员会、村民委员会、救助管理机构可以代为申请。第二十四条规定，申请人身安全保护令应当以书面方式提出；书面申请确有困难的，可以口头申请，由人民法院记入笔录。

73. 什么情况下，人民法院会依法作出人身安全保护令？

《反家庭暴力法》第二十七条规定，作出人身安全保护令，应当具备下列条件：（1）有明确的被申请人；（2）有具体的请求；（3）有遭受家庭暴力或者面临家庭暴力现实危险的情形。

74. 申请人身安全保护令，可以提供哪些相关证据？

根据《最高人民法院关于办理人身安全保护令案件适用法律若干问题的规定》第六条的规定，人身安全保护令案件中，人民法院根据相关证据，认为申请人遭受家庭暴力或者面临家庭暴力现实危险的事实存在较大可能性的，可以依法作出人身安全保护令。

这里的"相关证据"包括：

（1）当事人的陈述；

（2）公安机关出具的家庭暴力告诫书、行政处罚决定书；

（3）公安机关的出警记录、讯问笔录、询问笔录、接警记录、报警回执等；

（4）被申请人曾出具的悔过书或者保证书等；

（5）记录家庭暴力发生或者解决过程等的视听资料；

（6）被申请人与申请人或者其近亲属之间的电话录音、短信、即时通讯信息、电子邮件等；

（7）医疗机构的诊疗记录；

（8）申请人或者被申请人所在单位、民政部门、居民委员会、村民委员会、妇女联合会、残疾人联合会、未成年人保护组织、依法设立的老年人组织、救助管理机构、反家暴社会公益机构等单位收到投诉、反映或者求助的记录；

（9）未成年子女提供的与其年龄、智力相适应的证言或者亲友、邻居等其他证人证言；

（10）伤情鉴定意见；

（11）其他能够证明申请人遭受家庭暴力或者面临家庭暴力现实危险的证据。

75. 人身安全保护令包括哪些措施？

《反家庭暴力法》第二十九条规定，人身安全保护令可以包括下列措施：（1）禁止被申请人实施家庭暴力；（2）禁止被申请人骚扰、跟踪、接触申请人及其相关近亲属；（3）责令被申请人迁出申请人住所；（4）保护申请人人身安全的其他措施。

根据《最高人民法院关于办理人身安全保护令案件适用法律若干问题的规定》第十条的规定，《反家庭暴力法》第二十九条第四项规定的"保护申请人人身安全的其他措施"可以包括下列措施：（1）禁止被申请人以电话、短信、即时通讯工具、电子邮件等方式侮辱、诽谤、威胁申请人及其相关近亲属；（2）禁止被申请人在申请人及其相关近亲属的住所、学校、工作单位等经常出入场所的一定范围内从事可能影响申请人及其相关近亲属正常生活、学习、工作的活动。

76. 人身安全保护令的有效期多长？

《反家庭暴力法》第三十条规定，人身安全保护令的有效期不超过六个月，自作出之日起生效。人身安全保护令失效前，人民法院可以根据申请人的申请撤销、变更或者延长。

77. 违反人身安全保护令的，应当承担哪些法律责任？

《反家庭暴力法》第三十四条规定，被申请人违反人身安全保护令，构成犯罪的，依法追究刑事责任；尚不构成犯罪的，人民法院应当给予训诫，可以根据情节轻重处以一千元以下罚款、十五日以下拘留。

78. 妇女对夫妻共同财产享有与其配偶平等的占有、使用、收益和处分的权利吗？

《妇女权益保障法》第六十六条规定，妇

女对夫妻共同财产享有与其配偶平等的占有、使用、收益和处分的权利，不受双方收入状况等情形的影响。

对夫妻共同所有的不动产以及可以联名登记的动产，女方有权要求在权属证书上记载其姓名；认为记载的权利人、标的物、权利比例等事项有错误的，有权依法申请更正登记或者异议登记，有关机构应当按照其申请依法办理相应登记手续。

第六十九条规定，离婚时，分割夫妻共有的房屋或者处理夫妻共同租住的房屋，由双方协议解决；协议不成的，可以向人民法院提起诉讼。

79. 离婚诉讼期间，夫妻一方可以申请查询登记在对方名下财产状况吗？

《妇女权益保障法》第六十七条规定，离婚诉讼期间，夫妻一方申请查询登记在对方名下财产状况且确因客观原因不能自行收集的，人民法院应当进行调查取证，有关部门和单位应当予以协助。

离婚诉讼期间，夫妻双方均有向人民法院申报全部夫妻共同财产的义务。一方隐藏、转移、变卖、损毁、挥霍夫妻共同财产，或者伪造夫妻共同债务企图侵占另一方财产的，在离婚分割夫妻共同财产时，对该方可以少分或者不分财产。

80. 女方因抚育子女、照料老人、协助男方工作等负担较多义务的，可以在离婚时要求男方予以补偿吗？

《妇女权益保障法》第六十八条规定，夫妻双方应当共同负担家庭义务，共同照顾家庭生活。女方因抚育子女、照料老人、协助男方工作等负担较多义务的，有权在离婚时要求男方予以补偿。补偿办法由双方协议确定；协议不成的，可以向人民法院提起诉讼。

81. 父母双方对未成年子女享有平等的监护权吗？

《妇女权益保障法》第七十条规定，父母双方对未成年子女享有平等的监护权。父亲死亡、无监护能力或者有其他情形不能担任未成年子女的监护人的，母亲的监护权任何组织和个人不得干涉。

第七十一条规定，女方丧失生育能力的，在离婚处理子女抚养问题时，应当在最有利于未成年子女的条件下，优先考虑女方的抚养要求。

第八章 救济措施

82. 对侵害妇女合法权益的行为，哪些主体可以提出控告或者检举?

《妇女权益保障法》第七十二条规定，对侵害妇女合法权益的行为，任何组织和个人都有权予以劝阻、制止或者向有关部门提出控告或者检举。有关部门接到控告或者检举后，应当依法及时处理，并为控告人、检举人保密。妇女的合法权益受到侵害的，有权要求有关部门依法处理，或者依法申请调解、仲裁，或者向人民法院起诉。对符合条件的妇女，当地法律援助机构或者司法机关应当给予帮助，依法为其提供法律援助或者司法救助。

第七十八条规定，国家机关、社会团体、企业事业单位对侵害妇女权益的行为，可以支持受侵害的妇女向人民法院起诉。

83. 妇女联合会收到被侵害妇女求助的，应当采取什么措施？

《妇女权益保障法》第七十三条规定，妇女的合法权益受到侵害的，可以向妇女联合会等妇女组织求助。妇女联合会等妇女组织应当维护被侵害妇女的合法权益，有权要求并协助有关部门或者单位查处。有关部门或者单位应当依法查处，并予以答复；不予处理或者处理不当的，县级以上人民政府负责妇女儿童工作的机构、妇女联合会可以向其提出督促处理意见，必要时可以提请同级人民政府开展督查。受害妇女进行诉讼需要帮助的，妇女联合会应当给予支持和帮助。

84. 用人单位侵害女职工合法权益的，女职工可以采取哪些救济措施？

《女职工劳动保护特别规定》第十四条规

定，用人单位违反本规定，侵害女职工合法权益的，女职工可以依法投诉、举报、申诉，依法向劳动人事争议调解仲裁机构申请调解仲裁，对仲裁裁决不服的，依法向人民法院提起诉讼。

85. 用人单位侵害妇女劳动和社会保障权益的，有关部门应当采取什么措施？

《妇女权益保障法》第七十四条规定，用人单位侵害妇女劳动和社会保障权益的，人力资源和社会保障部门可以联合工会、妇女联合会约谈用人单位，依法进行监督并要求其限期纠正。

86. 妇女在农村集体经济组织成员身份确认等方面权益受到侵害的，如何救济？

《妇女权益保障法》第七十五条规定，妇女在农村集体经济组织成员身份确认等方面权益受到侵害的，可以申请乡镇人民政府等进行协调，或者向人民法院起诉。

乡镇人民政府应当对村民自治章程、村规民约，村民会议、村民代表会议的决定以及其他涉及村民利益事项的决定进行指导，对其中违反法律、法规和国家政策规定，侵害妇女合法权益的内容责令改正；受侵害妇女向农村土地承包仲裁机构申请仲裁或者向人民法院起诉的，农村土地承包仲裁机构或者人民法院应当依法受理。

87. 全国统一的妇女权益保护服务热线有什么作用？

中华全国妇女联合会设立了妇女维权公益服务热线 12338。《妇女权益保障法》第七十六条规定，县级以上人民政府应当开通全国统一的妇女权益保护服务热线，及时受理、移送有关侵害妇女合法权益的投诉、举报；有关部门或者单位接到投诉、举报后，应当及时予以处置。

鼓励和支持群团组织、企业事业单位、社

会组织和个人参与建设妇女权益保护服务热线，提供妇女权益保护方面的咨询、帮助。

88. 对于哪些侵害妇女合法权益的情形，检察机关可以提起公益诉讼？

《妇女权益保障法》第七十七条规定，侵害妇女合法权益，导致社会公共利益受损的，检察机关可以发出检察建议；有下列情形之一的，检察机关可以依法提起公益诉讼：

（1）确认农村妇女集体经济组织成员身份时侵害妇女权益或者侵害妇女享有的农村土地承包和集体收益、土地征收征用补偿分配权益和宅基地使用权益；

（2）侵害妇女平等就业权益；

（3）相关单位未采取合理措施预防和制止性骚扰；

（4）通过大众传播媒介或者其他方式贬低损害妇女人格；

（5）其他严重侵害妇女权益的情形。

第九章　法律责任

89. 有关部门发现被拐卖、绑架的妇女，未履行报告义务的，应当承担什么法律责任？

《妇女权益保障法》第二十二条第二款规定，各级人民政府和公安、民政、人力资源和社会保障、卫生健康等部门及村民委员会、居民委员会按照各自的职责及时发现报告，并采取措施解救被拐卖、绑架的妇女，做好被解救妇女的安置、救助和关爱等工作。妇女联合会协助和配合做好有关工作。任何组织和个人不得歧视被拐卖、绑架的妇女。

第七十九条规定，违反本法第二十二条第二款规定，未履行报告义务的，依法对直接负责的主管人员和其他直接责任人员给予处分。

90. 拐卖妇女、儿童的，构成什么罪？应当承担什么刑事责任？

根据《刑法》第二百四十条的规定，拐卖妇女、儿童是指以出卖为目的，有拐骗、绑架、收买、贩卖、接送、中转妇女、儿童的行为之一的，构成拐卖妇女、儿童罪。

拐卖妇女、儿童的，处五年以上十年以下有期徒刑，并处罚金；有下列情形之一的，处十年以上有期徒刑或者无期徒刑，并处罚金或者没收财产；情节特别严重的，处死刑，并处没收财产：（1）拐卖妇女、儿童集团的首要分子；（2）拐卖妇女、儿童三人以上的；（3）奸淫被拐卖的妇女的；（4）诱骗、强迫被拐卖的妇女卖淫或者将被拐卖的妇女卖给他人迫使其卖淫的；（5）以出卖为目的，使用暴力、胁迫或者麻醉方法绑架妇女、儿童的；（6）以出卖为目的，偷盗婴幼儿的；（7）造成被拐卖的妇女、儿童或者其亲属重伤、死亡或者其他严重后果的；（8）将妇女、儿童卖往境外的。

91. 收买被拐卖的妇女、儿童的，构成什么罪？应当承担什么刑事责任？

《刑法》第二百四十一条第一款规定了收买被拐卖的妇女、儿童罪。收买被拐卖的妇女、儿童的，处三年以下有期徒刑、拘役或者管制。

此外，收买被拐卖的妇女，强行与其发生性关系的，依照《刑法》第二百三十六条的规定，以强奸罪定罪处罚。

收买被拐卖的妇女、儿童，非法剥夺、限制其人身自由或者有伤害、侮辱等犯罪行为的，依照《刑法》的有关规定，以非法拘禁罪、故意伤害罪、侮辱罪定罪处罚，且与收买被拐卖的妇女、儿童罪数罪并罚。

92. 对妇女实施性骚扰的，应当承担什么法律责任？

《妇女权益保障法》第八十条第一款规定，违反本法规定，对妇女实施性骚扰的，由公安机关给予批评教育或者出具告诫书，并由所在单位依法给予处分。

根据《民法典》第一百七十九条、第一千零一十条的规定，违背他人意愿，以言语、文字、图像、肢体行为等方式对他人实施性骚扰的，受害人有权依法请求行为人承担民事责任，包括停止侵害、消除影响、恢复名誉、赔礼道歉等。

93. 学校、用人单位未采取必要措施预防和制止性骚扰的，应当承担什么法律责任？

《妇女权益保障法》第八十条第二款规定，学校、用人单位违反本法规定，未采取必要措施预防和制止性骚扰，造成妇女权益受到侵害或者社会影响恶劣的，由上级机关或者主管部门责令改正；拒不改正或者情节严重的，依法对直接负责的主管人员和其他直接责任人员给予处分。

94. 猥亵儿童的，构成什么罪？应当承担什么刑事责任？

《刑法》第二百三十七条第三款规定了猥亵儿童罪。猥亵儿童的，处五年以下有期徒刑；有下列情形之一的，处五年以上有期徒刑：（1）猥亵儿童多人或者多次的；（2）聚众猥亵儿童的，或者在公共场所当众猥亵儿童，情节恶劣的；（3）造成儿童伤害或者其他严重后果的；（4）猥亵手段恶劣或者有其他恶劣情节的。

95. 以暴力、胁迫或者其他方法强制猥亵他人或者侮辱妇女的，构成什么罪？应当承担什么刑事责任？

《刑法》第二百三十七条第一款、第二款规定了强制猥亵、侮辱罪。以暴力、胁迫或者其他方法强制猥亵他人或者侮辱妇女的，处五年以下有期徒刑或者拘役。聚众或者在公共场所当众犯该罪的，或者有其他恶劣情节的，处五年以上有期徒刑。

96. 以暴力、胁迫或者其他手段强奸妇女的，构成什么罪？应当承担什么刑事责任？

《刑法》第二百三十六条规定了强奸罪。以暴力、胁迫或者其他手段强奸妇女的，处三年以上十年以下有期徒刑。奸淫不满十四周岁的幼女的，以强奸论，从重处罚。

强奸妇女、奸淫幼女，有下列情形之一

的，处十年以上有期徒刑、无期徒刑或者死刑：（1）强奸妇女、奸淫幼女情节恶劣的；（2）强奸妇女、奸淫幼女多人的；（3）在公共场所当众强奸妇女、奸淫幼女的；（4）二人以上轮奸的；（5）奸淫不满十周岁的幼女或者造成幼女伤害的；（6）致使被害人重伤、死亡或者造成其他严重后果的。

97. 住宿经营者发现可能侵害妇女权益的违法犯罪行为，未履行报告等义务的，应当承担什么法律责任？

《妇女权益保障法》第二十六条规定，住宿经营者应当及时准确登记住宿人员信息，健全住宿服务规章制度，加强安全保障措施；发现可能侵害妇女权益的违法犯罪行为，应当及时向公安机关报告。

第八十一条规定，违反该法第二十六条规定，未履行报告等义务的，依法给予警告、责令停业整顿或者吊销营业执照、吊销相关许可证，并处一万元以上五万元以下罚款。

《刑法》第三百六十二条规定，旅馆业、饮食服务业、文化娱乐业、出租汽车业等单位的人员，在公安机关查处卖淫、嫖娼活动时，为违法犯罪分子通风报信，情节严重的，依照该法第三百一十条的规定，以窝藏、包庇罪定罪处罚。

98. 组织、强迫、引诱、容留、介绍妇女卖淫的，应当承担什么刑事责任？

《妇女权益保障法》第二十七条规定，禁止卖淫、嫖娼；禁止组织、强迫、引诱、容留、介绍妇女卖淫或者对妇女进行猥亵活动；禁止组织、强迫、引诱、容留、介绍妇女在任何场所或者利用网络进行淫秽表演活动。

《刑法》第三百五十八条第一款规定了组织卖淫罪、强迫卖淫罪。组织、强迫他人卖淫的，处五年以上十年以下有期徒刑，并处罚金；情节严重的，处十年以上有期徒刑或者无期徒刑，并处罚金或者没收财产。组织、强迫未成年人卖淫的，依照前述规定从重处罚。犯组织卖淫罪、强迫卖淫罪，并有杀害、伤害、强奸、绑架等犯罪行为的，依照数罪并罚的规定处罚。

该条第三款规定了协助组织卖淫罪。为组织卖淫的人招募、运送人员或者有其他协助组织他人卖淫行为的，处五年以下有期徒刑，并处罚金；情节严重的，处五年以上十年以下有期徒刑，并处罚金。

第三百五十九条第一款规定了引诱、容留、介绍卖淫罪。引诱、容留、介绍他人卖淫的，处五年以下有期徒刑、拘役或者管制，并处罚金；情节严重的，处五年以上有期徒刑，并处罚金。

该条第二款规定了引诱幼女卖淫罪。引诱不满十四周岁的幼女卖淫的，处五年以上有期徒刑，并处罚金。

第三百六十一条规定，旅馆业、饮食服务

业、文化娱乐业、出租汽车业等单位的人员，利用本单位的条件，组织、强迫、引诱、容留、介绍他人卖淫的，依照该法第三百五十八条、第三百五十九条的规定定罪处罚。单位的主要负责人犯该罪的，从重处罚。

99. 通过大众传播媒介或者其他方式贬低损害妇女人格的，应当承担什么法律责任？

《妇女权益保障法》第八十二条规定，违反本法规定，通过大众传播媒介或者其他方式贬低损害妇女人格的，由公安、网信、文化旅游、广播电视、新闻出版或者其他有关部门依据各自的职权责令改正，并依法给予行政处罚。

100. 用人单位有就业性别歧视行为的，应当承担什么法律责任？

《妇女权益保障法》第四十三条规定了用人

单位在招录（聘）过程中，除国家另有规定外，不得实施以性别为由拒绝录（聘）用妇女或者差别化地提高对妇女录（聘）用标准的行为。第四十八条规定，用人单位不得因结婚、怀孕、产假、哺乳等情形，降低女职工的工资和福利待遇，限制女职工晋职、晋级、评职称等，以及用人单位在执行退休制度时，不得性别歧视。

第八十三条规定，用人单位违反本法第四十三条和第四十八条规定的，由人力资源和社会保障部门责令改正；拒不改正或者情节严重的，处一万元以上五万元以下罚款。

101. 用人单位侵犯孕期、哺乳期女职工权益的，应当承担什么法律责任？

《女职工劳动保护特别规定》第六条第二款规定了怀孕七个月以上的女职工的休息权，第七条规定了女职工的产假，第九条第一款规定了哺乳期职工的权益。第十三条第一款规定，用人单位违反本规定第六条第二款、第七条、

第九条第一款规定的，由县级以上人民政府人力资源社会保障行政部门责令限期改正，按照受侵害女职工每人一千元以上五千元以下的标准计算，处以罚款。

102. 用人单位违反女职工禁忌从事的劳动范围规定的，应当承担什么法律责任？

根据《女职工劳动保护特别规定》第十三条第二款的规定，用人单位违反女职工禁忌从事的劳动范围规定、女职工在经期禁忌从事的劳动范围规定的，由县级以上人民政府安全生产监督管理部门责令限期改正，按照受侵害女职工每人一千元以上五千元以下的标准计算，处以罚款。用人单位违反女职工在孕期禁忌从事的劳动范围规定、女职工在哺乳期禁忌从事的劳动范围规定的，由县级以上人民政府安全生产监督管理部门责令限期治理，处五万元以上三十万元以下的罚款；情节严重的，责令停止有关作业，或者提请有关人民政府按照国务院规定的权限责令关闭。

103. 用人单位侵害女职工合法权益，造成女职工损害的，应当承担什么法律责任？

《女职工劳动保护特别规定》第十五条规定，用人单位违反本规定，侵害女职工合法权益，造成女职工损害的，依法给予赔偿；用人单位及其直接负责的主管人员和其他直接责任人员构成犯罪的，依法追究刑事责任。

104. 对侵害妇女权益的申诉、控告、检举，推诿、拖延、压制不予查处的，应当承担什么法律责任？

《妇女权益保障法》第八十四条规定，违反本法规定，对侵害妇女权益的申诉、控告、检举，推诿、拖延、压制不予查处，或者对提出申诉、控告、检举的人进行打击报复的，依法责令改正，并对直接负责的主管人员和其他直接责任人员给予处分。

国家机关及其工作人员未依法履行职责，对侵害妇女权益的行为未及时制止或者未给予受害妇女必要帮助，造成严重后果的，依法对直接负责的主管人员和其他直接责任人员给予处分。

违反本法规定，侵害妇女人身和人格权益、文化教育权益、劳动和社会保障权益、财产权益以及婚姻家庭权益的，依法责令改正，直接负责的主管人员和其他直接责任人员属于国家工作人员的，依法给予处分。

105. 侵害妇女权益的，还有可能承担哪些法律责任？

《妇女权益保障法》第八十五条规定，违反本法规定，侵害妇女的合法权益，其他法律、法规规定行政处罚的，从其规定；造成财产损失或者人身损害的，依法承担民事责任；构成犯罪的，依法追究刑事责任。

第十章　附　　则

106. 《妇女权益保障法》从何时起施行？

《妇女权益保障法》第八十六条规定，本法自 2023 年 1 月 1 日起施行。

图书在版编目（CIP）数据

妇女权益保障法学习百问百答／中国法制出版社编
.—北京：中国法制出版社，2022.11（2023.2 重印）
ISBN 978-7-5216-2798-5

Ⅰ.①妇… Ⅱ.①中… Ⅲ.①妇女权益保障法-中国
-问题解答 Ⅳ.①D922.75

中国版本图书馆 CIP 数据核字（2022）第 134265 号

责任编辑　秦智贤　　　　　　　封面设计　杨鑫宇

妇女权益保障法学习百问百答
FUNÜ QUANYI BAOZHANGFA XUEXI BAIWEN BAIDA

经销/新华书店
印刷/三河市紫恒印装有限公司
开本/880 毫米×1230 毫米　64 开　　　印张/1.5　字数/ 39 千
版次/2022 年 11 月第 1 版　　　　　2023 年 2 月第 2 次印刷

中国法制出版社出版
书号 ISBN 978-7-5216-2798-5　　　　定价：8.00 元

北京市西城区西便门西里甲 16 号西便门办公区
邮政编码：100053　　　　　　　　传真：010-63141600
网址：http://www.zgfzs.com　　　编辑部电话：010-63141798
市场营销部电话：010-63141612　　印务部电话：010-63141606

（如有印装质量问题，请与本社印务部联系。）

ISBN 978-7-5216-2798-5

定价：8.00元